인정의 꽃밭에서

인정의 꽃밭에서

정영란 두 번째 시집

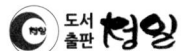

서문(序文)

삶이 시라고…
인생이 드라마라고 늘 말한다.

치열한 사회생활에 고단한 육신을 끌고 입에 단내가 나도록 신발이 닳아 없어질 정도로 동분서주 분주한 시간 속에 열일하면서도 짬짬이 틈내어 시상에 몰두하는 여류 시인!

그의 인생이 꽃길만 걷고 싶은 마음이지만, 시인이라는 힘든 길에서도 아름다운 서정의 글 밭에는 언제나 열매가 주렁주렁 달려 있다.

고요히 가슴을 여미고 심상을 다독이면 어느새 한 수 한 수의 주옥같은 이야기가 만들어 지는데 그의 집필 활동을 엿보면 부지런 함 속에서도 부모님을 그리워하는 여린 마음이 보인다.

팔 남매의 막내로 가족들의 사랑을 독차지하던 철부지가 사랑하고 결혼하여 삼 남매의 엄마 역을 훌륭히 해 내어 출가까지 시켰음에도 그의 문학의 향기는 사그라지지 않는다.

시도 수필도 그 손끝에서 나오는 글을 보면 정말 대단한 문학가임이 보인다. 문학을 해서 인지 문학을 위해서인지는 헷갈리지만, 그의 인생 여정이 꽃을 깔아 놓은 것이 아닌데도 뛰고 또 뛰는 모습을 보면서 안쓰러운 마음도 든다.

영육이 편치 않을 때도 겉으로 내색 없이 묵묵히 길을 개척해 가는 것이 얼마나 대단하고 훌륭한 일인지 모른다. 그렇게 시간이 지나고 날이 지나면서 그의 마음 여백을 채워가는 서정이 가을 낙엽 쌓이듯 지면을 채워가면 어느새 또 한 권의 시집이 만들어지고 수필집이 만들어지고….

벌써 세 권의 문학 글 집이 만들어지니 칭찬을 아낄 수가 없다. 열심히 살아가는 모습이 똑순이 그 자체이다.

한 번 인연을 맺은 사람들에게는 변치 않는 의리와 우정을 지키는 그의 심성은 강철같은 정의를 위해서 발 벗고 나서는 우직함도 그의 장점 중 하나이다.

그래서일까? 그의 지치지 않는 문학세계에 더욱 풍요로운 글 농사를 지어 갈 수 있으리라는 확신이 든다. 끊임없는 문학의 열정이 불타고 있으니, 낭송에 무대를 누비고 멋진 가수 활동에 24시간도 모자랄 판인데 문인협회의 수장으로 그 역할을 훌륭히 해 내는 그도 머지않아 한강 작가처럼 노벨문학상이 찾아올 것이라고 확신한다.

그 목표를 향해 차곡차곡 쌓아놓는 시향으로 글 밭을 가꿔 가다 보면 분명 결실을 보리라는 것은 자명한 일이니까!

지금까지 그랬던 것처럼 멈춤 없이 문학의 험한 길을 쉬지 않고 가는 모습이 보여서 더 아름다워 보이는 것은 나 혼자만의 생각은 아닐 것이다.

그의 시를 읽다 보면 섬세함으로 서정을 터치하여 마음 담아 쓴 것이 느껴진다. 작가의 삶과 문학적 열정을 곱게 관찰하고 표현한 것이 특히 인상적이다.

2024년 가을 마지막 잎새를 보며
이재천 書

목차

1부 내 마음은 초록

밤이 참 길다_16
십자수_17
회상_18
도란도란 영란이 이야기_19
행복의 열쇠_20
혼탁한 시간_21
상처_22
당신이라는 이름의 꽃_23
빗방울_24
여심_25
달 아이_26
내 마음은 초록_27
임(봄) 마중_28
훨훨_29
약속_30
2월의 시_31
고향 가는 길_32
어머니 마음_33
설날_34
아가야_35
가을 여정_36
신록_37

2부 예쁜 생각

진짜 사나이_40
세상 속에 부딪치다_41
희망 한 점_42
내 팔자_43
오월의 장미_44
공명(恐鳴)_45
시화전_46
활짝 웃는 소리_47
행복 충전_48
세월_49
역지사지(易之思之)_50
상념 한 조각_51
가을 하늘에서는 웃음소리가 들린다_52
나목_53
조금 천천히 가자_54
이름 없이_55
가을 앞에 서다_56
시간과의 약속_57
예쁜 생각_58
가을 서곡_59
단풍 향기_60
김장_61

3부 삼다도 바다

가을이 가는 소리_64
인생길_65
감사합니다_66
카페 모들_67
삼다도 바다_68
여백을 채우는 일_69
삶_70
고통과 시련_71
바램_72
상처난 영혼_73
딱 하나_74
삶2_75
계묘년 마지막_76
한잔 술_77
곱게 핀 우정의 꽃_78
세월_79
봄 꿈꾸는 날_80
꿈을 꾸었다 말해요_81
침묵_82
생일 날_83
오고 가는 시간_84
차라리 독야청청이라도_85

4부 혼돈

진실은 진실로_88
민초_89
눈물로 흔적 지우기_90
설국_91
버팀목_92
먼 길 가까운 길_93
찬찬찬_94
중년의 꿈_95
누가 나를 봐줄까_96
혼돈_97
당신은 좋은 사람_98
겨울 아침_99
산골 겨울 풍경_100
번뇌와 상념의 사이_101
인연설_102
예쁘게 더 아름답게_103
때론 태양처럼 북풍처럼_104
아픔은 잠시 두고 가자_105
아직은 갈 길이 멀다_106
열정_107
기다리다 보면_108
끝 없어도 언젠가는_109

5부 인정의 꽃밭에서

멋진 세상 만들기_112
외로운 새_113
하늘_114
봄 들어간다_115
봄 띠_116
동행_117
미세먼지_118
봄 앞에서_119
무소유(無所有)_120
내일의 환희를 위한 연가_121
희망만 먹으며 살꺼야_122
함께해요_123
정 하나로 사는겨_124
모나지 않게 살자_125
착각_126
보고파서_127
벽_128
번뇌의 속박_129
고난은 이겨 내는 것_130
퇴색_131
강직한 성정_132
인정의 꽃밭에서_133

축하의글_134
에필로그_142

제1부
내 마음은 초록

밤이 참 길다	내 마음은 초록
십자수	임(봄) 마중
회상	훨훨
도란도란 영란이 이야기	약속
행복의 열쇠	2월의 시
혼탁한 시간	고향 가는 길
상처	어머니 마음
당신이라는 이름의 꽃	설날
빗방울	아가야
여심	가을 여정
달아이	신록

밤이 참 길다

뜨겁게 내뱉는 숨결에
이름 모를 번뇌만 가득 담겨
칠흑 같은 허공에 별빛처럼 뿌려진다

남몰래 간직한 소중한 사연
비밀스러운 노트에 적어 놓고 살짝 꺼내 보면
후회스러운 이야기만 와르르 쏟아진다

아직도 뜨거운 가슴에는
홀로 적셔가는 상념의 눈물 자국
언제나 시원한 바람으로 지워 줄까

기구한 운명도 내 것
좋아질 거라는 생각도 잠시
머릿속에서 아우성치는 허무한 삶 이야기

십자수

중년의 벌판을 달리지만
마음은 지금도 엄마 품의 막내딸
예쁘다 곱다고 하고 다독여만 주시던
당신의 살냄새가 그립습니다

기억 속의 사랑을 꺼내어
자랑하고 싶은 마음 굴뚝같은데
뭐 하나 마음대로 되는 것이 없어요

하얀 실 액자 위에 달랑 두 개
검은색은 울 아버지 붉은색은 엄마
그리운 마음 표시는 이렇게만 합니다
십자수 손바늘은 구부러져 가는데!

회상

소녀의 꿈은 현모양처
사랑이 많은 엄마를 닮고 싶었어
우리에게 퍼주는 엄마의 사랑
반의반이라도 닮고 싶어서
나도 어서 엄마가 되고 싶었지

세상은 그렇게 마음대로 안 되는데
소녀는 아직 세상을 몰랐지
소녀의 꿈에서 부스스 깨어 보니
내 머리에 쏟아진 하얀 서릿발
사랑하는 이의 마음속에는
변함없는 소녀로 언제나 웃는다지!

도란도란 영란이 이야기

꺼내 볼 추억은
보석처럼 반짝이고 있어도
꺼내려 손 뻗으면
아침볕에 숨네요

응석받이로 태어나
세상사랑 아끼지 않고 주던
내 엄마 아버지는 별이 되셨고
혼자 남겨진 들판이 무섭기만 해요

가만히 눈 감고
귀 기울이고 있노라면
나를 비춰주던 예쁜 별 두 개에서
엄마 아버지 목소리가 들려요.

행복의 열쇠

활짝 웃어주는 햇살
가끔은 여름 볕 힘에 겨워도
파란 하늘에 마음 건네주면
조용히 다가앉는 신록

조곤조곤 말 걸어오는 솔바람에
힘차게 노래하는 매미 소리 흥에 겨워요

소나기 쏟아 한낮의 열기 씻어주면
삼베 적삼 사이로 파고드는 바람
엄마의 젖 냄새 묻어 나올 듯
사랑하는 엄마 얼굴 겹쳐오는 행복
날마다 이런 마음이면 좋겠네!

혼탁한 시간

나를 아는가
밤새 어둠과 벌여온 사투
아침이 되어서야 몽롱해진 영으로
물먹은 솜처럼 축 늘어진 시간

나는 나 일뿐
헝클어진 마음속에는
온통 목적지 없는 싸움과
원망의 편린만 난무하였다

우뢰가 머물던 자리에
새로운 싹이라도 자라면 좋으련만
상념 조각들만 뒹굴어 다니다
전쟁터 같은 삶 속으로 빨려 든다

지칠 대로 지친 시간은
동정심이라고는 눈곱만큼도 없다
혼자서 무거운 시간을 끌고 있을 뿐이다.

상처

우물 안 개구리
돌팔매질하는 아이들
무심코 던진 돌에
목숨이 왔다 갔다

짱돌에 얻어 맞고
큰대자로 뻗었으면
위로는 못 할망정
던진 사람은 나 몰라라

어차피 세상사
그렇고 그런 것을
아프다 달래 달라
투정하면 무엇 하리

잘난 것은 당신이요
못난 것은 모두 내 몫
내 마음 알아 달라
하소연이 무슨 소용이랴

당신이라는 이름의 꽃

보고 싶다고 보채려 하지 않아도
내 마음속에는 항상 당신뿐입니다

삶이 아무리 바빠도
제일 먼저 생각나는 사람
굳이 사랑한다고 하지 않아도
내 가슴안에는 온통 당신입니다

사소한 대화 하나에도
행여 마음 불편할까 봐
표현 하나도 조심스럽지만
당신은 내 사랑입니다

오로지 생각하고
내 안에 기쁨 충만한 당신
우리 둘의 사랑 안에서
나는 당신의 꽃이 되고 싶습니다.

빗방울

어젯밤
있는 힘껏 매달렸더랬죠
날이 밝으면 당신에게 꽂히고 싶어서
어떤 조건과 타협이 없어요

당신에게 떨어지는 순간
그냥 팡 터지고 싶을 뿐
아니 터질 거예요
산산조각 나도 좋아요
이대로 사라져도 상관없고요

다만
어젯밤 내 안에 깃든 달빛과 별빛
아침 동살과 봄바람 한 줌까지

서서히 당신 몸 안에서
풀어질 거예요
그리고 가장 내밀하게
당신에게 스며들 거니까!

여심

토옥 톡톡
깜짝이야
오매 놀랜 거
춥디 춘 날
무슨 기적인가 했었다

첫 문장의 두드림은
송사리 떼의 입술 같았다

꿈에도 올 줄 몰랐던
당신의 새벽이 볼을 부비고
꽃잎으로 터지는 말 같았다

놀래긴 했어도
부드러운 입술의 감촉

감촉의 파동은 야금야금
몸 안으로 들어와
번개처럼 들이치고
온몸에서 천둥이 쳐댔다

내 맘에 봄이 왔다
이제 너만 오면 된다.

달 아이

도시의 하늘엔
별빛도 제 자리를 잃은 듯 차가운 바람뿐
사방을 둘러봐도
켜켜이 쌓인 고독이라는 이름 앞에
무엇을 찾아 헤매던 시간이었나

터벅터벅 돌아오는 발길 위로
허전함 휘몰아 함께한 이들과의 헛헛한 잔상
애달파 울렁이던 분신의 흔적엔
가슴 앓이 멈추지 않고 여전히 찬바람만 일렁인다

별 하나 반짝이던 밤
아직도 뜨거운 사랑의 힘으로
식어버린 난로에 장작을 채워 넣었다

오랜 기다림
피었다 진 자리에 맺힌 그리움
붉게 다시 타올라 여명의 빛을 발할 너이기에
슬며시 다가가 숨죽이며 기대어 꽃피울 것이다.

내 마음은 초록

마음의 창을 만들어
당신 향해 열어둡니다
말하지 않아도
열면 보이는 마음의 문
당신의 고단한 삶 축 늘어진 어깨가
마냥 아려오는 오늘입니다

달빛이 창을 비추면
연륜으로 고개 숙인 중년
우리 마음은 하나 되지요
익어가는 나이라서 더 좋습니다

언제나 처음처럼
연둣빛으로 피어나
당신을 어루만질 테니까요
우뢰와 폭풍우가 쏟아져도
변치 않을 마음입니다

초록이 익어서
녹음 짙어질수록
내 마음의 창을 열고
여전히 수줍게 웃는 미소를
당신에게 선물하렵니다.

임(봄) 마중

코끝에 스치는 바람
눈 감고 느끼는 임의 향기
오랜 기다림의 시간 앞에
성큼 다가오는 소리이런가

알싸한 싱그러움으로
스치듯 감돌던 추억은 사라지고
온화한 감미로움 담고
임의 발자욱 소리 가까워지네

맨발로 와락 안겨도 좋을
오감을 휘감는
정인의 향기 아니런가!

훨훨

아이 적 소녀의 꿈
어느새 누렇게 바래어
가슴에 켜켜이 쌓인 상념 사이로
늙어가는 시간만 서글퍼요

힘들 때 힘이 되어주던
울 엄마 손길은 찾을 수 없고
뙤약볕에 송골송골 맺힌 땀방울
훔쳐주던 따뜻한 손길 그리워요

내 인생도 어느덧 중년 꼭대기
둥지 떠날 준비 중인 내 아이들 보니
그 옛날 훌쩍 떠나온 막내딸
엄마가 이런 마음이었을 테지요.

약속

어두운 밤 하늘에 별 내리면
나 홀로 고요한 뜰에 나가
미뤄 논 너를 데려다 놓고는
한 서린 보따리를 풀어본다

철커덩 내 안에다 너를 가둬
오롯이 내 것 인냥 보다듬고
어여삐 바라보는 사랑만이
백년의 약속으로 피어나리.

2월의 시

그대
못 오심도
아니 오심도
어쩔 수 없는 기다림 이지

그럼에도
내게 올 봄은
어김없이 오나니라.

고향 가는 길

동구 밖 언덕길
하루 종일 눈길 떼지 못하고
어떤 자식이 먼저 올까
기다리고 계시겠지

어미 아비 그리운 기쁨 안고
마음은 벌써 고향에 가 있다
엄마 품 같은 내 고향에는
싱그런 청보리 정월에도 방긋방긋

고향을 떠나온 지 수십 년
어렸을 적 그 모습 많이도 변했지만
내 가슴속에는 언제나 그 모습 그대로
사립문 열고 나오는 엄마가 그립다.

어머니 마음

애지중지 키워
혼인시킬 생각했다던 우리 어머니
막내딸 만삭 전에 기저귀 베 떠오셔
손수 잘라 명주실 감침질해
기저귀 스무 개 만들어 주시며
언니들 출산에는 열 개밖에 못 했었다고
넉넉하게 쓰라고 하던 엄마

그땐 몰랐다
울 엄마가 왜 그리 애달파 하셨는지
이젠 알겠더라
우리 막내 늦게 나와
일찍 시집보내 헤어지는 아쉬움

내 어머니 지극 정성 주신 사랑
더욱 그립고 보고 싶어
또다시 막내딸로 태어난다면
지금보다 더 많은 사랑 드릴 것을
철없는 늦둥이 애지중지 퍼 주신 사랑
지금도 생각하면 한없이 눈물 난다.

설날

섣달그믐
떡 써는 엄마의 손길
한석봉 엄마보다 더 곱게 썬다
똑딱똑딱 장단에 설이 오는구나

고향 찾아올 자식들
먹성 생각에 기분 좋은 부모님
고단한 살림살이도 오늘은 행복하다

막내딸
응석받이가 마냥 귀여워
차례상보다 막내딸 입에 먼저 넣어주고
오물거리는 모습이 예쁘다 하셨지

내 곁을 떠나신 부모님
그 손길 목소리 아직도 귀에 쟁쟁한데
명절이면 더욱더 생각나서
눈시울 뜨거워지는 설날이다.

아가야

엄마 품속에 재롱둥이
아장아장 귀여움 떨던 내 아이야
눈에 넣어도 아프지 않던 너는
어느새 훌쩍 커버렸구나

엄마 딸 때로는 엄마 친구로
함께 하던 네가 떠난다니
꿈꾸는 것만 같구나
같은 여자이지만 너희는 더 행복해라

예쁜 마음으로
향기로운 웃음 지키며
알콩달콩 꽃길만 걸으렴.

가을 여정

달도 별도 없는 험한 길
그래도 당신이 불 밝혀 주시니
힘든 여정 일지라도 다 잊었습니다

단풍 예쁘게 수놓았어도
오직 당신의 길만 생각하며
여기까지 왔습니다
때로는 무섭고 추위도
당신 팔에 매달려
우리는 함께 걷고 또 걸었습니다

아직 단풍은 다 지지 않았는데
가슴에 스미는 바람은 차갑습니다
당신의 은은한 눈길로
모닥불 피워 주시옵소서.

신록

죽은 듯
숨죽이고 있다가
아지랑이 따사로운 입맞춤에
부시시 선잠 깨어 실눈으로 본 세상

기지개 켜는 복수초 속삭임에
여리여리 새싹 눈 틔어 난다

제 색도 만들지 못한 아이
훈풍에 쑥쑥 자라는 모습 곱더니
꽃 피던 시절도 잠깐
어느새 그늘 만들어 땀방울 씻어주네

사람아 나를 보소
서두를 것 하나 없네
태어나고 자라고 순리대로 가리니
욕심 없는 마음으로 정 하나면 족할 뿐.

제2부
예쁜 생각

진짜 사나이
세상 속에 부딪치다
희망 한 점
내 팔자
오월의 장미
공명(恐鳴)
시화전
활짝 웃는 소리
행복 충전
세월
역지사지(易之思之)

상념 한 조각
가을 하늘에서는 웃음소리가 들린다
나목
조금 천천히 가자
이름 없이
가을 앞에 서다
시간과의 약속
예쁜 생각
가을 서곡
단풍 향기
김장

진짜 사나이

한여름 뙤약볕에
구릿빛 얼굴로 웃어주는 청년
대한의 아들로 입은 제복이 멋지구나

한여름 풍성한 거목처럼
바라만 봐도 든든한 내 아이야
내 배에서 나왔어도 나라의 아들로
애국충정 몸에 배어 생각만도 배부르다

거친 세상 버티기에 버거울까
어미의 노심초사 기우에 불과하네
어느 곳에 서 있어도 굳건한 사나이
풍파가 닥쳐와도 슬기롭게 넘기거라.

세상 속에 부딪치다

바람이 부네요
궂은 비도 쏟아져요

곱던 하늘에
울분을 토해 내듯
속 시원히 쏟아 내기도 해요

힘겨운 것은 인생사
아름다운 것은 대자연
엄마 품에 안주하던 시절이 그리워요

힘들다고 눈물 흘려도
닦아줄 사람 하나 없어요
욕심 많은 세상에 순수가 고파요.

희망 한 점

인생살이 첩첩산중이라도
긴 터널 어둠이 끝없어도
언제인가는 지나갈 거야

세월이 약이라고
힘에 겨워 쓰러질 듯 휘청여도
하늘은 무너지지 않을 거야

구름에 가려진 별빛 같은
아주 작은 희망의 불빛
틀림없이 내 가슴에 들어올 거래

조금 더 인내하면
맑은 날 파란 하늘을 보리니
긴 한숨에 털어버릴 번뇌여!

내 팔자

사랑은 먼 나라 이야기
눈 감고 마음 닫고
팔자려니 하였더니 아니래요

사람은 누구나
오손도손 정 나누며 사는 거라고
늘 이야기해주던 그 사람

남의 편인 줄 알았는데
가끔은 옳은 말도 하네요
그래서 지금까지 놓지 않아요

없는 살림
눈물 반 콧물 반
지지고 볶다 보니 한세상.

오월의 장미

아카시아 흰 꽃 날리더니
그 향기 허공에 흩어지고
추적추적 봄비
흠뻑 젖어버린 밤 지나
예쁜 햇살이 방긋 웃어줍니다

초록 곱게 자리 잡아가면서
물기 머금은 나뭇잎
울타리에 생긋 웃어주는 붉은 입술

초롱초롱한 눈동자로
생기를 불어넣어 주는 장미
오늘 아침은 여왕에게 반해 봅니다

여름으로 가는 길이 가까워 오지만
푸르름 짙어지는 세상에
예쁜 점 하나 찍어 두고
바라만 보라고 돋아난 가시 뽈.

공명(恐鳴)

지친 여름에 손짓하며
돌아서는 뒤태가 쓸쓸한 함은 왜일까
그토록 마음속에 간절하던 가을이 왔건만
복잡한 세상살이에 흥은 멀어져 가네

잘 살아 보자고
꿈을 이루자고 이리 뛰고 저리 뛰고
최선을 다해 달려온 끝자락
어느새 하루해 뉘엿뉘엿 지는 것은 실망

겉으로는 웃는 표정이지만
헝클어진 영혼 속에 뒤죽박죽 풀 길 없는 번뇌
몸이 멀어지면 마음도 멀어진다더니
세상의 맑은 소리는 귀 뒷전의 공명(恐鳴).

시화전

그대 가슴에 답답한 먼지가 쌓였나요
삶에 먹구름처럼 낀 상념은
문향의 맑음으로 청결하게 씻을 수 있다오

오며 가며
발길 닿을 때 들러 보세요

비록 짧은 시 한 수지만
그 안에 녹여 담아 놓은 사연들은
교향곡 오케스트라 되어
사방으로 울려 퍼지고 있을 겁니다

시인의 감성에 세상의 향기를 담아
가을 하늘에 퍼져가면
해맑은 웃음으로 맛난 과일 향으로
가슴에 차곡차곡 쌓입니다.

활짝 웃는 소리

표정 하나로
말 한마디로
활짝 웃는다는 것은
함께 손잡고 가기 때문

천천히 가도 좋아요
조금 더 작은 배려 하나
웃어주는 여유
맑은 마음에 한 줄기 빛

행복 충전

활짝 핀 가을 앞에
하늘거리는 코스모스
싱싱한 처녀들의 웃음소리처럼 맑다

높고 파란 하늘이
풋풋한 첫사랑 빛이다
수줍은 고백에 발그레 물든 양 볼처럼 곱다

오늘은 더 환하게 웃어야지
아이의 티 없는 모습같이 까르르
거친 영혼에 행복 가득 충전해야겠다.

세월

나는 아닐 줄 알았는데
나이 들어가니 별수 없네

여기저기 아픈 곳만 늘어나고
기억은 쇠퇴해 가물가물
이러다 치매라도 걸리면 어떡하나

나는 평생 건강할 줄 알았는데
간당간당 세월의 끝을 잡고
고된 육신 비틀 거리는 모습

늙지 않을 거라고 버텨도
중년의 길은 흐물흐물 넘어가네.

역지사지(易之思之)

실한 열매를 위하여
땡볕을 감내하며 견딘 시간은
더욱 달콤한 결실을 위한 달굼 질

서로 의지하며 나누는 사이
마주할 때 준 마음
돌아서니 안갯속에 가물가물

삶의 이야기
힘들면 더욱 생각나는 사람인 줄
그 마음 그대는 알지 못하네!

상념 한 조각

창밖에 비는 내리고
분위기 좋은 카페에 앉아
좋은 사람과 담소하면 좋겠다

겨울비 추적여도
감성은 맑음
창에 입김불어 하트를 그려보네

삶의 무게는 뒤로하고
내 인생 채색하니
중년이라도 반짝반짝

곱던 어느 날의 연가는
소녀를 노래하고
몽글몽글 올라오는 추억 한자락.

가을 하늘에서는 웃음소리가 들린다

한풀 꺾인 햇볕엔
쳐다보기도 조심스러운 맑음
경쾌한 소리를 낼 것처럼 청명하다
가슴속에 덕지덕지 붙은 욕망
육칠십 년 넘게 살아도 버리지 못하고
한 줌도 안 되는 마음 밭에는
여전히 잡초만 무성하게 우거져 있구나

우러러 하늘 보며
욕심 덩어리를 씻어 낸다고 하면서
비워도 비워도 비울 수 없는 인간의 정신세계
가을 하늘처럼 투명한 유리처럼 광택이라도 내고 싶다
내일이면 미련 없이 던져 버릴 추억도
모닥불 피워 놓고 그리워하려는지

누군가 그러더라
늙는 것이 아니라 익어간다고
그렇게 익어서 흐물거려도 변하지 않음은
철이 들지 않은 중년이라서일 것이다
가을처럼 맑은 소리로 웃어야지
함께 가는 인연들의 따스한 정으로
가을 향기 농축하면 겨울까지 남아 있으려나.

나목

화려하던 날 언제였던가
풍성하던 잎새 모두 벗은 앙상한 가지엔
서글픈 바람만 수시로 넘나든다

떠난 잎새는 나목을 알까
알콩달콩 부대끼며 풍성하던 웃음소리
함께여서 그럴 수 있다는 것을 기억은 하려나

고운 단풍 차려입고
언제라도 변치 않을 것 같던 시절은 꿈
모두 떨쳐 보내고 난 지금은 무척 외로울 거야

앙상한 나목 위로 허전한 독백
바람에 띄우지만 역시 혼자
아무도 들어줄 이(爾) 없는 것은 고독한 풍경일 뿐
백 년이고 천년이고 늘 같을 줄 알았는데!

조금 천천히 가자

추운 날엔
너의 따스한 품이 더 그립다

힘들고 추워도
혼자 보다 함께라서 다행이다

바쁘게 돌아가는 세상이지만
조금만 아주 조금만
가슴에 여백을 만들면 어떨까

나는 힘겨워 하는 나에게
사랑이라는 이름으로
희망을 주문한다.

이름 없이

철없이 좌충우돌
아무것도 채워 놓지 못한 모습
이름 없는 청춘이라는 돛을 달고
마냥 꿈 많던 그 시절 회상
조금 더 잘 설계해 볼걸
이제 와서 후회한들 무슨 소용 있으랴.

가을 앞에 서다

파란 하늘을
깨끗하게 청소해 놓았어

맑은 햇살로 광택 내고
흰 구름으로 비질하였더니
하늘이 반짝반짝 유리알처럼 빛나네

사랑스러운 모습
오래도록 연모하고 싶다!

시간과의 약속

행복하게 웃던
처음 그 마음은 퇴색되고
찌뿌둥한 마음속에 자리 잡은 번뇌

천사 같던 모습
지나버린 시간에 잠긴 박장대소
내 마음에 끼어있는 때는 찌들어버렸다

아픈 마음과 맞바꾼 세월
앞으로는 건강하자고
새겨놓은 시간의 전각
남은 세월 행복으로 채색해야지.

예쁜 생각

오곡백과 풍성한 계절이 되면
소리 없이 다가오는 바람결도 사랑스러워
어쩌다 밝게 떠오르는 만월 보며 고독을 씹기도 하겠지만
이루지 못 한 사랑의 그리움도 적어 내려가겠지만
여름 한낮 폭염 고문에 시달리던 그 시간 뒷면에
그 상처 부드럽게 어루만져 주는 가을이 참 좋더라

더도 덜도 말고 오늘만 같으라고
하늘 보며 소원 비는 것 모두 이루어질 리는 없겠지만
춥지도 덥지도 않은 계절이 얼마나 고마우면
그런 마음이었을까

어제만 해도 뻘뻘 땀 흘렸는데
오늘은 추워서 창문 닫고 잠잤으니
사람이 그렇게 간사하다는 말로
서슴없이 정리해 버리는 사람아
어찌 그리 정서가 메말랐는가
간사한 것이 아니라
계절에 순응해 가는 삶인 게지

더위도 추위도 극복해 내는 강인함
이렇게 좋은 계절
예쁘고 고운 언어로
나긋나긋한 세상 풍미해 보면
우리 살아가는 세상 얼마나 아름다운가.

가을 서곡

파란 하늘에 구름 걸려 있다
눈이 부시도록 푸른빛에 시선을 고정한다
햇볕을 살라 먹은 바람 한 점
어쩌다 성질 급한 단풍잎 하나 허공에 띄우고
홍엽 짧디짧은 가을 노래 음미하라고 손짓한다

사랑 고백할 새도 없이
준비할 시간도 주지 않고 떠나면
가을 사랑이 조급하다

머지않아 흰 눈으로 뒤덮일 산하
금방 춥다고 아우성 일인데
말없이 떠나가면 어쩌나
앞집 처녀 시집간다고 들떠 있는데
너는 눈물을 떨구고 있는가

섬돌 앞 오동나무 가을 노래 부르는데
마당 연못가 잡초는 아직도 봄꿈에 빠져있단다
어차피 떠날 거면서 미련 없이 가면 좋으련만
어찌 내 마음을 이리 흔들어 놓는지
붉은 단풍에 연서 한 줄 남겨 놓고 가려무나!

단풍 향기

아우성이던 땡볕도
선선하게 식혀주던 바람은
어느새 나무 잎새 위에 불그레 내려앉아
소리 없이 낙엽 되어 흩날리는데

맛 나는 시어에 흡수되고
끄적이는 글자마다 시향으로 분 단장
그대에게 마음 빼앗기고 말았으니
절대 내 곁을 떠나지 말라는 주문은 공염불

아닌 듯 말은 아니 해도
시향에 물든 가슴은 세게 뛰는데
단풍 향기 그윽한 이 갈 밤에
너 닮은 레드와인 한 잔으로
시월의 마지막 밤을 보내야겠지!

김장

일 많은 가을
이리 뛰고 저리 뛰어도
끝날 줄 모르는 시골살이 일, 일, 일

시간 가는 줄 모르고
허둥지둥 중구난방 뛰어도
지친 육신 몸살 날 것 같지만
하룻저녁 자고 나면 말짱해진다고

배추 뽑고 무 뽑고
시래기 정성 들여 매달아 놓으면
튼실하게 속 배긴 배추 배 갈라
숨죽이고 양념 화장해 놓으니
한시름 덜겠다던 엄마말씀.

제3부
삼다도 바다

가을이 가는 소리	삶2
인생길	계묘년 마지막
감사합니다	한잔 술
카페 모들	곱게 핀 우정의 꽃
삼다도 바다	세월
여백을 채우는 일	봄 꿈꾸는 날
삶	꿈을 꾸었다 말해요
고통과 시련	침묵
바램	생일 날
상처난 영혼	오고 가는 시간
딱 하나	차라리 독야청청이라도

가을이 가는 소리

너 어쩌면 그렇게 예쁘니
힘든 시간 허덕이다가
너를 만나니 함박웃음 활짝
네가 있어서 기분이 참 좋다

우리들 짧은 만남이지만
내 가슴속에는 오래도록 기억할 거야
찬 바람 불고 눈이 쌓일 때쯤이면
네가 더 그리워지겠지

너에게 사랑 고백도 하지 못했는데
어느새 너는 옷을 갈아입었더구나
나목 초라하게 서 있어도
화려하던 꿈은 계속 꾸고 있을 테지.

인생길

미로 같은 길을
너무 멀리 걸어왔습니다.
가다가 길을 잃기도 하였고
다른 길로도 들어서기도 합니다

멀어도 짧아도
멀리 오다 보니
지칠 대로 지친 영혼은 갈팡질팡
나에게 글이라는 버팀목이 없다면
멋진 문향을 몰랐다면
아마도 이렇게 멀리 못 왔을 겁니다.

감사합니다

항상
내 이웃들과 어우러져
삶이라는 시간을 살아가는 인생
이런저런 일로 늘 감사한 마음
우리는 가끔 잊고 지납니다

특별한 일은 없어도
서로 기대며 만드는 희로애락
경사에는 더 기쁘게
애사에 나누는 슬픔 절반

당신이 내 이웃이어서
우리가 함께 안부 주고받을 수 있어
기쁨이요 감사한 일
희망과 행복한 일만 가득 누리소서

오늘이 지나도
내일 또다시 우리는 함께
아직은 살맛 나는 세상
고운 인연에 또 감사합니다.

카페 모들

멋진 하늘색 닮은
바다와 우리 마음과
저물어 가는 가을 빛깔

무엇인지 모를
실루엣처럼 그려지는 그리움
파란 물결을 헤치고 가는 여객선에
내 마음을 실어 보낸다

모처럼 비운 마음 여백엔
환하게 웃어주는 내 가을 햇살
지난 발자욱마다 담아 놓은
섬세한 삶의 이야기를 뿌린다

구수한 커피에
아름다운 바리스타
친절한 그의 웃음을 바라보면
바다 빛처럼 상큼한 하귀리 카페 모들.

삼다도 바다

출렁이는 물결
흔들리는 가슴에 퍼지는 고요
제주 바닷가에 내려놓은 상념
오늘은 그냥 웃어야지

삶의 여백을 그려 놓고
행복한 마음만 가득가득 채우려면
환하게 웃어야지

고운 가을 하늘에 물들어
구분되지 않는 바다
바람에 출렁이는 물결이 없다면
어디가 하늘이고 바다인지
하늘이 덮은 바다라고 말해야겠다.

여백을 채우는 일

글 하나에 웃고 우는 공감대
누구 눈여겨 봐 주지 않아도 쓰고 또 쓰고
시인의 가슴에 솟아 샘물처럼 철철 흐르는 시향
하얀 백지를 채워가는 시간

여심을 고이 다지는 시간엔
아름다운 시심 가득하니
여인으로 세상 살아가는 이야기를
곱게 곱게 늘어놓는 시인의 이야기

쉼 없이 쏟아져 나오는 주옥같은 단어에
곱게 화장시키고 옷을 입혀
메마른 세상에 살며시 내어놓는다
팍팍해도 넉넉해도 내 안에 만들어지는 일상.

삶

알고 보면 아무것도 아닌 것을
사람들은 천년을 살 것처럼 아귀다툼
세월이 지나고 보니
모두 헛되고 헛된 것인데
무엇을 위하여 그렇게 치열했는지

사랑도 명예도 한낱 꿈
물처럼 바람처럼 살다 흔적 하나 남기고
말없이 소리 없이 떠날 것을 안다

이 시대를 함께 살아가는 인연들
눈 맞춤에 호탕하게 웃음 한 조각 담고
사랑이면 사랑 우정이면 우정
욕심은 내려놓고 조금씩만 배려하면 어떠랴
아름다운 삶을 위하여!

고통과 시련

깊은 어둠 속에서도
희미하게 반짝이는 불빛 하나
시간이 지나가면
밝은 태양 떠오르겠지만
오늘 밤은 기나긴 터널 속 시간을 방황한다

소리치고 싶어도
알량한 체면 때문일까
쓰디쓴 미소로 스스로를 다독이지만
고난의 시간은 온전히 나만의 것

곁을 지켜주는 이 없는
무심한 밤이지만
한 줌도 안 되는 고통쯤이야 이겨내야지
건강한 모습으로 환하게 웃을때까지!

바램

나 떠나리라
사랑도 추억도 명예도
부질없는 헛된 꿈
바람에 모두 날려 보내고 가리라

이 세상에 왔다 가노라고
눈치채지 않을 만큼
작은 점 하나 찍어 놓고
바람과 구름 벗이 되리라

치열하게 살아 낸 청춘
여기까지 온 것만으로도
얼마나 장 한 일인가
고마운 일인가

고요한 마음으로
초야에 초목이 되고 싶다
바람 부는 대로 흔들흔들
이름 없는 초목이 되고 싶다.

상처난 영혼

하루의 끝자락에
흥건히 젖어버린 서러움
시름에 터져버린 상처 폭포수 되어 버렸나!

딱 하나

하늘엔 수많은 별들
수많은 사람들 속에
딱하나 나의 사랑 어디를 둘러봐도
세상 어디에도 이런 사람 없어요

실반지 하나씩 나눠낀 우리는
서로를 알아버린 운명 같은 내 사랑

아아 당신 없이는 살아갈 수가 없어요
한평생 당신만을 영원토록 따르겠어요
딱 하나 나의 사랑 당신만이 전부예요.

*작사가 데뷔 작시로 가수 정단아가 부른 노랫말

삶2

사람 사는 게 다 그렇지 뭐
무엇이든 좋기만 해도 재미없잖아

가끔은 힘든 일 슬픈 일도
그냥 그렇게 극복하며 사는 거지

오늘보다 내일은 더 나아지리라고
스스로 위로하며 작은 꿈 키우며 사는 거야.

계묘년 마지막

이별이란 말은 싫다
그렇다고 끌어안고 살 수는 없는 것이라
간다고 보채는데 어이 잡을 수 있을쏘냐
기왕 가려거든 힘들고 지치는 것
모두 가지고 가거라

행복은 억지로 잡을 수 없지만
물처럼 바람처럼 흔들리며 살다 보면
언젠가는 좋은 일도 궂은일도 모두 삶의 일부
그냥 그렇게 살다 가는 거지

가녀린 희망 한 가닥
그리고 함께하는 인연들의 다정한 눈 맞춤
누구인가는 거목으로 어깨를 내어주고
누구는 그곳에 기대며 살아가는 거야
잘 가라는 마지막 인사로
행복 노래 불러줄게.

한잔 술

세월을 담아
술 한잔 빈 영(靈)에 채우면
삶의 할퀸 자국 지워지려나

곤드레만드레
정신 줄 놓아도 또 그 타령
이것이 인생이려나

오늘은 술잔이
눈물로 채워지기만 하노니
술타령에 봄날이 다 가버렸네

마시다 만 세월에
별빛 가라앉으니
속절없이 스러진 청춘만 서러워라.

곱게 핀 우정의 꽃

숱하게 지나버린 길
너무 멀리 와 기억조차 가물가물
어떻게 모진 세월을 견디며 살아왔는지 모르겠어
다사다난한 일이 그치지 않은 청춘은
삶이 지옥 불처럼 뜨거운 기억만 있으니까

째깍째깍 아우성치며 달리는 초침
억지로 끌려가는 시침과 분침은 어딘지 분간도 못 하고
진흙 길도 비탈길도 가리지 않고 헐레벌떡 뛰었는데
나지막한 동네 어귀 옆 야산 중턱을 훌쩍 넘었어

조금만 더 가면 꼭대기 나 혼자 달린다고 생각했는데
내가 제일 높은 산에 올랐다고 자신했었는데
오르고 보니 더 높은 산이 이렇게나 많은 걸
죽음의 문턱에서야 친구의 멋진 모습이 눈에 띄었네

고맙고 미안한 내 벗
벗들의 손끝에서 피어나는 향기는
어느 무엇과도 비교할 수 없는 우정이라는 탐스러운 꽃
그 향기에 취해서 이 밤을 수놓고 있다

내가 잊을 뻔한 친구들 문향도 담고 사랑도 담아
남은 시간 빛바래지 않도록 진 한 정으로 채색해야지.

세월

고된 인생길이
설한에 끙끙 앓는다고 하여도
멈추지 않는 시간이 있기에
봄 희망을 가슴에 담는다

고되어도 인내하자
살 같은 시간은 훈풍을 몰고 오리니
시간이 멈추는 날을 위하여
쉬지 말고 움직여야지

고난의 끝은 희망
우리 인연의 빛깔은 핑크
힘들 때 고운 향기로 보듬어 보자.

봄 꿈꾸는 날

긴 겨울 고난의 시간이지만
그 누구 하나 짜증 내지 않고 묵묵히 기다린다
먹구름 아래 소리 없이 내리는 눈송이가
온 세상을 정화 시킨다

봄날 곱게 피어날 꽃을 그리며
살짝 다가올 개나리 진달래 미소
첫사랑을 만나듯 수줍게 웃어줄 너
나는 오늘도 너를 꿈꾼다.

꿈을 꾸었다 말해요

나의 노래가
꿈을 표현했었다면
미래의 길은
현실을 향한 울림이 되리

기쁨도 슬픔도
내 안에서 곰삭아
아픔은 나의 스승으로
즐거움은 나누어야 커지는 것

항해하는 삶에
키를 잡고 앞장서서
온갖 거친 풍랑도 모두 헤쳐 나가리

희로애락 호 배 타고
항해하는 꿈을 꾸는 인생

나의 생이 끝날 때
아름다운 사람이었노라고
예쁘게 회자되기를.

침묵

행복은
내 안에 있다고 외치고 다녔다
지금 곁에 있는 삶은
왜 이리 힘겨울까

사는 것이 지옥 같은
그러나 시간이 해결할 것이라고
힘들어도 침묵하자
침묵해야 할 때이다.

생일 날

수많은 별 속에
눈에 띄는 별 하나 내려와
동방의 하늘에 두둥실 빛나네

두꺼운 껍질 깨고
사랑이라는 이름표 달고
세상에 일성 외치는 노래

엄마 품 떠나
내 울타리 단단하게 쳤어도
껍데기 벗은 날 울 엄마 생각나네.

오고 가는 시간

참 바쁘다
오가는 길에 살짝 낯 비추고
서서히 서서히 사그라져 버리는
우리는 무엇을 가지러 바삐 가는가

한 번 가면 그만인 것을
바람결에 흩어지면 끝인 것을
남기고 가는 것이야 이름 석 자 아니겠나
오가는 것은 소리 없는 바람뿐이구나

곰삭아 맛깔나다 했는데
무심한 세월 탓이라기에는 아쉬움
오고 가는 바람에 물어보니 묵음이라 하네.

차라리 독야청청이라도

요란한 소음에 먹먹한 세상의 외침
가끔은 깊은 내면의 숲이 그리워
그날의 바람 소리에 귀 기울인다
홀로 서 있어도 외롭지 않은 소나무처럼
티끌 같은 번뇌도 벗어놓고 싶다

운명의 테두리에 점지된 고난
힘겹게 헤쳐가는 풍파는 그치지 않고
저물어가는 늦은 오후의 긴 그림자만 헤적인다
살아온 날 돌아볼 힘도 없이
지쳐버린 한 줌도 안 되는 초라한 영혼 앞에
오래 살아서 미안한 마음으로 속죄한다

전 현생에 지은 죄
다 씻지 못한 업보를 끌어안았으니
이 정도의 고난은 참을 만하다
비틀거리는 영혼에 맺힌 마르지 않는 눈물
언제쯤이면 나 하늘에 닿으려나
멈추지 못하는 자아와의 싸움 끝이 없어라.

제4부
혼돈

진실은 진실로
민초
눈물로 흔적 지우기
설국
버팀목
먼 길 가까운 길
찬찬찬
중년의 꿈
누가 나를 봐줄까
혼돈
당신은 좋은 사람

겨울 아침
산골 겨울 풍경
번뇌와 상념의 사이
인연설
예쁘게 더 아름답게
때론 태양처럼 북풍처럼
아픔은 잠시 두고 가자
아직은 갈 길이 멀다
열정
기다리다 보면
끝 없어도 언젠가는

진실은 진실로

온 세상이 꽁꽁 얼어붙었어도
살아있는 목숨 아직은 헐떡이는데
그래도 계절은 설한에 울고 있네

하늘이시여 우리를 외면하지 마오
죄는 지은 대로 가고 덕은 닦은 대로 가니
용광로처럼 끓는 진실이 있다오

우리에게도 봄은 오려나
변하지 않는 절기는 거짓이 없으니
아우성치는 민초여 천천히 기다려 봅시다

세상 통곡 소리 그치지 않고 있소
칼자루 쥔 당신이 진실을 말해 줄래요
희망 고문 끝에 절망은 절대 아닐거예요.

민초

오늘은
어떤 꿈을 꿀까
설운 계절 야윈 햇살에
쓰라린 미소 한 조각

근근이 살아 내는
잡초같이
강인한 우리 민초여!

눈물로 흔적 지우기

지워야 한다
모든 일이 헛된 것임을
번뇌는 산처럼 쌓이고 숨 막히는 현실
눈에 보이는 풍경은 고운데
상념 부스러기는 끝없는 공격을 한다

걸을 수 있을 때 산에 오르자
볼 수 있을 때 마음껏 마음에 담고
울고 싶을 때 실컷 울자

바람 따라 스러지거들랑
나 바람이 되었다 생각해 다오
소리 없이 흘린 눈물로 모든 흔적 지우리니
풀리지 않은 삶의 수수께끼도 묻어 놓고
흔적을 하나 둘 없애리라.

설국

함박눈 펑펑
고립된 산골에 홀로 잔을 비운다
홀짝 한 잔에 고독을 풀고
홀짝 두 잔에 마음을 비우고
석 잔 알코올에 온몸이 붉은 꽃으로 변했네

지척을 분간하지 못할
설한의 이야기는 끝없이 쏟아 놓고
눈에 선 한 고운 인연들 생각에
그래서 다시 또 한 잔을 비운다

내일은 그치겠지
마음속으로만 기다리는 사이
그대 어느새 내 곁으로 와 있는가
살짝 웃어주는 그대를 보니
쓸쓸해서 또다시 잔을 비워야겠다

어지러운 세상은
그런대로 잊으려 하는데
자꾸만 생각나서 또 한잔 비웠다
그대들이 생각나서 혼 술 하고 있는 사이.

버팀목

꽃길만 걸으라시던
엄마의 목소리가 들리는 듯
아련한 추억이 되었지만
내 귓전에 생생하게 들립니다

묵묵히 소처럼 일만 하시던
아버지의 우직한 모습
눈에 넣어도 아프지 않을 막내딸
넓은 아버지의 가슴이 그립습니다

지금은 모두
하늘의 별이 되신 소중한 사람
당신들의 사랑이 버팀목 되어
기쁠 때나 슬플 땐 더 간절한 마음

그 사랑은 변함없고
두 분의 그리움도 여전하기에
생각만으로도 눈물이 글썽글썽
편안히 영면하고 계세요.

먼 길 가까운 길

세상살이 다 그렇고 그런 것
뭉쳐서 정 나누고 함께 하다 보면
누군가는 잘나가고 누구는 양보하고
목적지는 같아도 가는 길은 다르다지

때로는 비바람에
눈보라 치는 날이 있더라도
우리가 꼭 가야 할 길이기에
가는 길을 멈출 수는 없는 것이야

마음은 사랑한다고 외치는데
듣는 이는 알아듣지 못하니 상전벽해
가벼이 갈 수 있다고 해도
멀리 돌아가는 것은 다 뜻이 있나니라

사람아, 좋은 사람아
함께 가는 길이 험하고 고단해도
조금씩만 힘이 되어 준다면 좋겠네
우리 쌓아놓은 정 더욱 뜨거워 지리라.

상전벽해(桑田碧海) : 뽕나무밭이 변(變)하여 푸른 바다가 된다.' 는 뜻으로,
세상일(世上-)의 변천(變遷)이 심(甚)함을 비유적(比喩的)으로 이르는 말.

찬찬찬

거친 파도에
멀미 나도록 울렁거린 인생
나는 잘 살아 보려고 했는데
그것이 내 마음대로 안 되더라

술 마시면 기분 좋을까
남들은 좋다고 하는데 나는 힘들어
그런데 왜 마시냐고 묻겠지
벌판을 헤쳐 가려면 고통도 이겨 내야 해

내 청춘이 뜨거운 적 있었던가
아무리 생각해도 그것은 아니었더라
남은 인생은 핑크빛이냐고
그것도 아닌 것 같아

오늘 마지막 술을 마시고
그냥 그렇게 조용히 스러지고 싶다
소원은 이룰 거라고 했으니까.

중년의 꿈

웃어야지
가는 세월 정한 이치
겨울 앞에 마음 다잡고
순백 세상 기다려야지

지금까지 살아온 길
희로애락 굽이 돌아
생강처럼 알싸한 맛
단감처럼 아삭한 맛

품 떠난 병아리들
삐약 대는 시절 그리다가
문득 바라보니
어느새 파닥이는 날갯짓 제법이구나

마음은 아직 청춘인데
따라주지 않는 육신
부풀어 오른 풍선처럼
텅 빈 가슴은 무엇으로 채울까

달달한 홍시처럼
새콤달콤한 능금처럼
그윽하게 퍼지는 천혜향처럼
그런 맛과 향이 난다고
착각하며 사는 중년이고 싶다.

누가 나를 봐줄까

요즘 애들 말로 관종이구나
그러면 어떠하리
힘겨운 삶을 보듬는 것보다는
그냥 놔버리는 것이 한결 가벼워지리라

많은 사람이 보라는 것은 아니다
이 세상에 단 한 사람이라도
내 편이 되어 준다면 그것으로 만족할 것을
욕심이 너무 심하면 이렇게 부작용을 겪는다

물 흐르듯 바람 불면 부는 대로 살고 지고
그것이 우리니 인생살이
누가 뭐라 해도 내 못된 습관을 고칠 수 없음에
오늘 하루만 넘기자
내일은 내 삶의 이야기가 어떻게 바뀔지 모르니까.

혼돈

폭풍 한설
한 치 앞도 안 보이는 설한에
죽은 듯 미동 없는 산하 초목도
봄꿈에 취해 있단다.

당신은 좋은 사람

활짝 웃던 그날
지금도 잊을 수 없는데
끝나지 않은 겨울 찬 바람
그칠 줄 모른다

행복하던 얼굴에
소리 없이 드리운 그림자
찢기는 가슴에
꽃피울 날 언제인지

그대여
화사하던 날을 그리며
함께 기대어 토닥토닥
긍정은 희망을 불러오니까.

겨울 아침

고요한 산골에
반짝반짝 햇볕 비추는 날

곤두박질친 영하의 수렁
창문 열기가 싫다.

산골 겨울 풍경

황량한 겨울 산
오랜만에 잔치가 열렸네
눈물마저 말라버린 갈색 나목 위에
함박꽃 같은 눈송이 사르륵사르륵
한설을 오롯이 견디며 봄을 설계한다

고독한 설움 씻으려면
한참을 더 기다려야 한다고
독백처럼 홀로 부르는 인생 노래
고운 시선으로 다독여주는 인연들의 정

추워도 외로워도
희망 노래 불러봐야지
외로움에 울컥거리는 고달픈 삶도
가녀린 봄볕을 조금씩 키우고 있다고
기도가 끝나면 산골에 피울 향기로운 꽃이여!

번뇌와 상념의 사이

한 판 깔아 놓고
마음먹고 나만의 여유를 찾는 시간
사람 사는 것이 이런 것이지
독백하는 가슴은 철없이 뛰고 있다

한랭전선이 오가는 겨울같이
양념 섞인 세월이 맛나게 보여도
고독에 쌓여가는 상념
대화로 마음을 전 할지 말지는 고뇌

좋은 사람과의 대화는 고수차와 같고
슬픔을 씹어 삼키는 시간은 해탈
어찌 살아도 어차피 한세월인 것을
상념과 고뇌 사이에 방황을 표현할 길 없도다.

인연설

인생살이 장마처럼 변화무쌍해
좋은 날 하루면 설운 날은 열흘이라
힘겹고 고된 것이 우리네 인생살이
좋은 일만 이야기 줄에 꿰어
한 다발 가득 하고픈 맘

사랑하는 사람도 오래다 보면 무덤덤하듯
좋은 일은 잊히고
고단한 일상은 차곡차곡 쌓여
가끔은 비워서 내다 버려야겠지

우리 인연의 정 뜨겁게 살라
도탑게 키워가는 삶
서로 기댈 수 있게 어깨 살짝 내어준다면
이보다 더 행복한 인생 어디 있을까
진득한 사랑으로 우리 곁의 지켜주는 당신이 진국이지요.

예쁘게 더 아름답게

태어난 순간부터
적어도 엄마는 널 사랑한다는 걸
세월이 흘러 나는 할미 되고
너희가 아빠 엄마가 된다 해도
엄마의 사랑은 변하지 않는다

이제 성인으로 자라고
너희들 청춘의 고뇌로 아파해도
성숙한 인생을 만들어 가는 과정이니
엄마의 응원엔 모든 걸 담았다

사랑하는 내 아이들
더 아름답게 더 멋지게
세상에 향기를 퍼트릴 너희들이기에
들어서 내놓지 않아도 나는 너희들 편이다.

때론 태양처럼 북풍처럼

온실 속의 화초
곱게 피어 향기를 풍기는
살짝만 스쳐도 떨어지는 연약한 꽃
살아가면서 세속에 시달리다 보니
꽃대에는 가시가 돋치고 거칠어진다

나는 여전히 화초가 되고 싶은데
연하디연한 꽃잎에 이슬 먹고 살고픈데
아이들 뒷바라지에 남편 어르고 달래고
거칠어질 대로 거칠어진 인생이 되었다

모닝커피 한 잔 마시고
책상 앞에 앉아 원고지 앞에 놓고
귀티 나게 창작하고 싶은데
이제 나는 억척스런 아줌마 되었다
온종일 이리 뛰고 저리 뛰는 또순아지매 되었다.

아픔은 잠시 두고 가자

힘겹게 오르는 세월 비탈길
내 사람 행복하라고 기도하는데
가끔은 빈 바람 넘나드는 소리에 파르르
마른 가랑잎처럼 떨고 있다

마주 보고 어루만지고
토닥이며 사랑 노래 주고받을 적엔
세상 고운 빛과 향기만 있다고 상기된 얼굴
서로 응원하는 여기 이 오솔길에서
아픈 가슴 모두 비워 버리면 참 좋겠네

얄미운 인생사 힘겨워도
거친 숨소리 헐떡거려도 한세상
누가 대신 살아주는 것 아니니
응어리진 아픔은 내려놓고 살살 떠나보자.

아직은 갈 길이 멀다

가도 가도 끝없는 길
생각 속에서 헤어나지 못하고
분주한 마음은 늘 그 자리

내일은 고운 미소
행복한 열정 끓어넘치던 날은 어제
가녀린 햇살 얇아진 세월 한 모퉁이

거의 다 왔다고 생각했는데
아직도 끝이 보이지 않는 시간
쇠하여 비틀거려도 미소 머금어야지.

열정

사랑은 끓어넘치고
어버이 같은 마음으로
다독이는 손길 한없이 따뜻해요

머뭇거릴 시간도 아까워
한쪽 다리 들고서도 천 리 길 머지않은
어미 새 심정으로 품어 주는 깃

날개에 바람구멍 하나
날지 못해 파닥거리는 마음
그의 품은 항상 따스하고 정 묻어나
얇은 옷깃 파고들지요

한 발을 잃어도 걱정하지 마요
마음 밭에 피워 놓은 손
뜨겁지 않아도 꼬옥 잡아줄게요.

기다리다 보면

겨울의 끝이 보인다
하염없이 휘적이던 마른 잎새
바람 따라가버린 지 오래

희망 한 줌 가슴에 품고
기약 없는 기다림에
세상은 촉촉이 젖어 드는데
곱던 임 눈 맞춤 가물가물 소식 없다

시간이 지나면
손잡아 줄 때 있을 테지
오늘도 가녀린 희망으로 기다린다.

끝 없어도 언젠가는

정답이 없어도
정답을 찾아가는 우리는
긴긴 겨울을 인내하고 있어요

여느 겨울보다
길고 추운 고난의 날이지만
절대 포기하지 않고 기다립니다

상처의 아픔도 정으로 기우고
헝클어진 퍼즐은 기다림으로 맞추며
행복 웃음 짓던 날을 회상합니다

임이 오실 날을 준비하며
한 발 한 발 가까워지기는 하지만
끌어안고 내 지를 환희를 그리며 천천히!

제5부
인정의 꽃밭에서

멋진 세상 만들기	함께해요
외로운 새	정 하나로 사는겨
하늘	모나지 않게 살자
봄 들어간다	착각
봄 띠	보고파서
동행	벽
미세먼지	번뇌의 속박
봄 앞에서	고난은 이겨 내는 것
무소유(無所有)	퇴색
내일의 환희를 위한 연가	강직한 성정
희망만 먹으며 살꺼야	인정의 꽃밭에서

멋진 세상 만들기

지질맞게 내리는 비
겨울도 봄도 아닌 어중간한 시절쯤
어수선한 세상
누구를 위하여 종을 울리려는가

험난하기는 폭풍의 바다요
어수선하기는
헝클어진 실타래보다 더 복잡하여라

자고 나면 비는 멎을 테지만
뒤죽박죽 엉킨 실타래는 누가 풀 것이며
세월에 바친 청춘은 무엇으로 보상받을꼬
어차피 지난 시간 투덜투덜 험담이나 할 것이지

걱정하지 마시라
인간의 두뇌는 시간이 지나면
복잡한 기억은 마음 밖에 머물테니
내일은 순결한 마음으로 진한 사랑이나 나누세.

외로운 새

겨울나무에
마른 잎새 하나 바람에 살랑살랑
눈 쌓인 숲에 떨어질 듯 위태롭다

바람은 가지를 흔들어 놓는데
손잡아 줄 임 소식 없고
게으른 시간은 오늘따라 왜 이리 바쁠꼬

무심한 시간 참 잘도 가네
꽁꽁 얼어버린 마음 녹을 술 보르고
눈 독에 빠져 허우적대는 미련한 인생이여

작은 마음 그릇에 담은 사랑
세상에 흩뿌려 얼마나 멀리 갈 거나
째깍째깍 시간 지나는 소리만 우뢰 같아라.

하늘

오늘도 맑아야 하는데
활짝 핀 얼굴로 웃어야 할 텐데
가끔은 찌푸린 모습으로 있다

투명한 모습으로
세상을 만들어가는 모습
욕심 없는 마음으로
행복을 만들면 얼마나 좋을까

세상이 변하고
물질만능주의에 비틀거리며
나만 아니면 된다고 하지 말라
스치는 인생이지만 함께 만든다.

봄 들어간다

그냥 먹기 아쉬워
달래 무침에 냉이된장국
평범한 일상으로 보글보글

큰 그릇에 참기름 한 방울
냉이 달래 무침 넣고 슥슥 비비니
봄이 온몸으로 퍼져 간다

진작 알았으면
평창에 비비고 앉아 있을걸
서울에는 괜히 올라왔구나

시장에 널브러진 봄보다
산골 청정지역 새초롬한 나물 향
입 벌려라 봄 들어간다.

봄 띠

설익은 한 줌 햇살에도
가슴을 열어 주고 싶은 삼월
대한독립만세 외치던 선열들 목소리
시간 뒤에서 목청 높이네

춥다고 여미는 외투
꽃샘추위 활개 치던 자리에
노란 산수유꽃 찬바람 제치고 방긋
어리버리 봄 처녀 이제서야 방실방실

아따 부끄러워 어떻게 꽃피웠나
쫓겨가는 동장군 힐긋힐긋 돌아 보다
보리밭 이랑 사이 발 걸려 넘어졌네
유난히 잦아드는 찬바람 고약하다.

동행

지금
여기에 모인 우리들
함께 하는 것만으로도 행복입니다

서로 다독이고
함께 웃고 울며 가는 길
외롭지 않아서 정말 다행입니다

고마워요
하루를 살아도 함께여서
가슴 가득 행복을 만듭니다
오늘도 우리 사랑합시다

기쁨은 나누면 두 배
좋은 일만 만들 수 있도록
토닥토닥 그것이 정 나눔이니까요.

미세먼지

한파에 지친 어느 날
시간 가는 줄 모르고 뒤척이다
골짜기 계곡 흐르는 물소리를 들었다

햇살 머금은 위로
빼꼼히 얼굴 내민 복수초
멧비둘기 구애 소리 처량한데
활짝 웃는 얼굴이 노랗게 시리다

서풍에 실려 온 봄 이야기
고운 눈 질끈 감아 버렸으니
꽃 마중 생각도 못 하면 어쩌나
임 곁에서 생글대는 얄궂은 봄바람

상념 가득한 하늘
연지 곤지 찍어 바른 아씨
황사에 미세먼지 두 눈 질끈 감은 사내야.

봄 앞에서

해, 꽃, 바람
그것은 틀림없는 사랑이다
꽃은 영원히 피지 못할 줄 알았는데
게슴츠레 뜬 눈으로 들어온 아지랑이
태풍에 버금가는 바람
아마도 봄 색시 몰고 오려나 보다
내 앞에 찾아온 귀한 임
봄바람에 날아가지 않을 그대는
햇살 앞에 숙연한 내 연민아.

무소유 (無所有)

욕심이 화를 만들어요
죽을 때 빈손으로 간다는데
치열하게 살 필요가 있을까요

선 한 마음 끝에
따뜻한 정으로 살면 좋겠어요
욕심 내려놓고 손잡고 웃으며 살아요

아무리 힘에 겨워도
한 세상 살다 가는 것은
누구나 떠나야 할 하늘길

가벼운 마음으로
가진 만큼 나누면 좋겠어요
구름 소리 바람 소리 느끼며 살자고요.

내일의 환희를 위한 연가

힘들어도
힘든 게 아니야
함께 손잡고 마음 합쳐 토닥토닥

내일은
분명 좋은 일 있으라고
무거운 짐 모두 내려놓고
예쁜 꿈 꾸기를 바래

세상에는
별별 사람들이 다 모여
찰떡 콩떡 만들어 가고 있으니
우리는 맛난 찰떡만 만들면 되지

밥상 치우고 나면
내일은 잔칫상에 박장대소
오늘의 스트레스는 모두 내려놓고
내일의 환희를 위하여 잔을 높이 드세!

희망만 먹으며 살꺼야

지척을 분간할 수 없는 폭풍우
간신히 얼굴만 내민 폭설
곤혹스러운 세상살이 한두 번 아니네

꽃 피고 새우던 날은
부생여몽(浮生如夢) 되어 허무하여도
한 줌도 안 되는 희망은
어느새 활짝 갠 하늘에 태양이로다.

함께해요

그냥
이대로 사랑하게 해 주세요
욕심 내려놓고
이 작은 몸 하나로 함께 하는
포근한 세상 만들면 좋겠습니다

선한 마음에
눈물짓지 않게 해 주세요
가벼운 마음으로
오늘에 만족하면 그만입니다

돈이 많아야 행복은 아닙니다
서로를 배려할 줄 알아야
이 세상은 더 아름다워집니다

당신은
얼마나 먼 미래에 안주하시렵니까
길게 살면 일백 년
내일보다는 오늘이 더 중요한 것을!

정 하나로 사는겨

자기야
우리 함께라서
험한 세상을 버틸 수 있는 거야

우리끼리는
싸우지 말았으면 좋겠어
토닥이고 배려하며
더 좋은 내일을 꿈꾸자

날 세우지 말고
될 수 있으면 함께 웃을 수 있게
실없는 유머도 좋을 수 있어

다 내 잘못이라서
내가 못난 탓이라서 그런 거야
너그러운 마음으로 함께 가자

내가 못났으니
네가 돋보이는 거잖아
그래 네가 최고야.

모나지 않게 살자

내가 너를 생각하는 만큼
너에게 나를 생각 하란 말은 안 해

우리가 가는 길에
작은 돌부리라도 걸리지 않도록
잡아 주고 끌어 주고
가녀린 정이라도 나누는 거지

혼자서만 잘 살 생각은 없어
네가 있어야 살 이유가 생기거든
너는 네 방식대로 사는 것이고
나는 내 길을 갈 뿐이야

아프지만 말아
모나게 살지도 말고
바람 부는 대로 흔들리며 편히 살자.

착각

삶이 항상 좋은 일만 있는 건 아니더라
좋다고 활짝 웃으면
어느 틈에 힘든 일이 찾아오고
먹구름 가득 낀 하늘에 빗물이 뚝뚝 흐르더라

나는 잘하고 싶은데
마음먹은 대로 되지는 않는
늘 잘 살아간다고 생각하는 것은 착각
가끔은 거친 광야에 홀로 있어
누구 하나 손 잡을 이 없는 것이 세상이더라

잘 살고 있다고 살았는데
잘 못하는 것인지 알 수 없지만
어찌 바람 잘 날이 없는 것인지
그 이유를 누가 좀 가르쳐 주오.

보고파서

오늘일까 내일일까
너를 생각하며 기다린 시간
황당한 모습으로 헝클어진 모습
이제 너의 얼굴을 보여줘

홀로 꾸던 꿈에
어둠 속에서 짓던 눈물에
가슴이 무너져 버릴 것 같아도
희망 조각은 아직도 빛을 내고 있네

어슴푸레 들어오는 모습
여명에 쫓겨난 어둠 서산 뒤 숨고
찬란한 태양 앞에 붉게 빛나고 있네!

벽

화창한 장미의 날
초록 울타리를 장식한 붉은 보석
햇살 받아 곱게 하늘로 향한다

파란 하늘에 쌓아 놓은 그리움
흰 구름으로 살짝 가려도
사무친 가슴에 서걱이는 추억 자국
뭉클뭉클 올라오는 오월의 통증에
오가지 못하는 내가 미워진다

적지 않은 삶을 보냈고
얼마나 더 살아갈지 모르는 세월은
번뇌의 늪에 허우적거리고 있으니
내가 좋아 한들 무엇을 어이해야 할꼬

투명한 벽으로 가려진 시간에
온전히 나를 풀어놓은들 무엇할까
질긴 고행의 끈으로 묶인 운명인 것을
감감무소식도 괜찮다 고통의 벽만 깨다오.

번뇌의 속박

그리움
한 사발 퍼 담을 시간
욕망을 갈구하는 것은 아닌데
그리움이 스멀거린다

방랑의 기억 저편
한동안 머뭇거리다 뱉은 고백
쉬운 척 말은 꺼내었지만
가슴이 무너지듯 뛰고 있다

세상살이가
모두 내 맘 같지는 않은 것
가슴 깊은 곳으로 구겨 넣고
초연할 때는 그래야 한다

아픔은 삼키고
입가에 미소 지어도
먹먹한 마음에는 비가 내린다.

고난은 이겨 내는 것

노을 곱게 물들면
오늘 하루 걸어온 길을 돌아본다
평탄한 것 같으면서도 왠지 외로운
지키지 못한 자아가 훌쩍인다

언제 어디에서부터
목적지를 향해 쉬지 않고 열심히 달렸는지
점점 더 멀어지는 종착지의 신기루
잡을 수 없다는 것을 깨달은 것이 너무 늦었다

정오의 태양이
하루 내내 머물 것 같은 착각 속에
모두 탕진해 버린 청춘은
어디에서도 찾을 수 없다는 것이 문제다

서산에 걸친 해는
순식간에 어둠을 몰고 올 것이고
감당치 못할 어리석음이 손 내밀어도
별을 헤는 추억이라도 즐겨야 할까.

퇴색

시들어 사그라든 꽃잎
앙상한 가지에 자존심 하나
알량한 줄기는
왜 타고 태어났는지
차라리 이름 없는 들꽃이면 좋겠다

고고한 냥 붉은빛으로
늦은 계절 피어나
살포시 안겼던 수줍음도
이제 아랑곳없는 서글픔이라
속절없는 세월이 야속하더라

너는 너대로 나는 나대로
잊혀지면 그뿐
서로 찢기고 부서지지 말아야지
옛 언약은 아직도 생생한데
지치고 헐벗긴 우리 사랑은
아련한 추억이 되네.

강직한 성정

찍히면 찍히는 대로
꺾이면 꺾이는 대로

휘지 않고 부러지는
강성을 가지고도
가여운 길을 택한
고독한 사람이여

드릴 것은 마음 하나
온전한 건 그것뿐인데
그대 가슴엔
어찌 그리 미움만 서려 있나요

세상 서러움일랑 다 던져 버리고
반짝반짝 빛날 날 있었음 좋겠습니다.

인정의 꽃밭에서

뿌연 연기처럼 탁해진 심신이
답답하다고 느끼던 시간에
연둣빛 시인의 소식에서
반가운 미소가 맺혔다

삼삼오오 모여든 무릉도원
어느 꽃차 향
그윽한 집에서
다도를 나누니 정겹지 아니한가

덕스러운 담소를 받아든
애 제자들의 목선은 어느새
기린 목이 되어 스승의
말씀을 경청하네

보내고 받아든
은은한 눈빛 교환에
오묘한 차향이 휘감고 노닌다.

축하의 글

일요일 오전, 다음날 국회 취재 일정에 KTX를 타고 가는데 정영란 시인이 또 책을 낸단다.

정 시인의 말, "문학계의 수장의 글로 부탁을 드려야 하겠지만 내게는 10여 년 전부터 고락을 같이한 편집장과 신문에 기고하던 지기 였으니 더 의미가 있을 것 같아 부탁한다고 한다. 이번 월요일까지 줘야 해. 촉박한데 이 느지막한 같이라면 너의 필감으로 나올 것 같기에… 답을 줘"

정 시인에게 늘상 했던 말이 글이란 쓰는 순간 문학이고, 세상에 나오기 순간은 무사가 칼을 뽑는 것과 같아야 한다고 했는데, 기차 안에서 몇 자 보낸다면. 글쓰기를 멈추지 않는 일이란, 주변의 사물을 원고지 안으로 들이는 일을 멈추지 않고 있다는 것. 그 일이란 내가 바라보는 사물을 내 영혼 안으로 들여오는 일과 같아서, 내 영혼 안으로 들어왔을 때 얼마나 그걸 살뜰하게 만지고 사랑하는 일!

문학이란 그 일을 게을리하지 않을 때 빛나는 보석처럼 빛나 생의 결핍을 채워준다. 생각은 우주처럼, 표현은 별빛처럼.

정 시인이 잘 가고 있는 듯하다. 정 시인 내면의 자유로운 필치는 하늘을 유영하는 별빛으로, 하얀 원고지를 밤하늘 삼아 별빛 같은 문장을 수놓고 더러는 별똥별이 제 꼬리를 태우 듯 불타오르기도 하면서….

별빛의 눈물도 반쯤은 눈동자의 문장에 묻어두고, 달빛의 기쁨도 반쯤은 붉은 심장의 어휘에 감춰두고, 천둥의 분노도 반쯤은 핏줄의 행간에 남겨두었을 것이다.

문장에 쏟아지는 절반의 눈물은 타인을 감싸 안아 주고, 그 절반의 절반의 기쁨은 타인과 환희를 함께 나누며 그 절반의 절반의 분노는 악행을 꾸짖는 것. 인문의 정신이요 문학이 철학이 되며 사랑이 되는 지금 이 순간.

김형진 완도신문 편집국장

인정의 꽃밭은 향기로운 삶이다. 흔들리면서 피는 꽃이기에 더욱 아름답고 향기로운 법, 봄은 풀꽃 나무꽃으로 화사하지만, 가을은 산과 들이 통째로 꽃이 되는 황홀한 계절이고, 일 년 동안 수고의 결실을 수확하여 곳간을 채우는 풍요와 누림의 계절이다. 시인의 수확은 시집이 아닐까?

청일문학문인협회 정영란 회장이 귀한 시집을 냈다. 시인이자 시낭송가로서의 삶, 청일문협 회장으로서의 삶, 가수로서의 삶, 가정주부로서의 삶, 일터 사업가로서의 삶, 크리스천으로서의 삶… 수많은 역할을 감당하는 팔방미인의 전사이지만, 춘풍에 가슴 설레고, 추엽에 눈물 흘리는 가녀린 여인이기도 하다.

그런 여인의 시집이니 오죽하랴. 단어 하나하나에 감성과 감동을 담고 희로애락의 섭리를 엮은 시들이, 긴 잉태의 산고를 겪고 세상에 모습을 드러낸 것이다. 겨울을 견딘 봄의 야생화처럼… 얼마나 귀하고 애틋한 시집인가?

시는 사람들의 마음을 건드리고, 위로와 격려, 꿈과 희망을 전달하는 선한 영향력의 메신저인데, 〈인정의 꽃밭에서〉가 바로 그런 시들의 보물 창고, 향기로운 꽃밭인 셈이다.

청일문학에서 정영란 회장을 만난 게 2018년이니, 벌써 6년이 훌쩍 지났다. 그동안 본 것은 '책임감, 열정, 성실, 긍정, 배려'의 모범이었다. 심신이 아프고 힘들어도, 날씨가 변덕을 부려도, 상황이나 문제, 거리에 불문하고, 항상 최선의 노력을 다했다. 그런 모습 때문에 나도 회원으로서의 의무를 떠나서 모른체할 수가 없었고, 좀 더 책임감을 갖고 봉사하게 되었다.

정 회장은 봄·가을 문학 행사, 월례회, 문학기행, 시화전, 대관 업무, 타 문학단체와의 유대, 회원 관리, SNS 운영 등 눈코 뜰 새 없이 바쁜 역할을 오랫동안 해오고 있다. 오직 희생과 봉사의 직책인데도, 리더로서 생업과 가정보다 더 우선적으로 헌신했기에 오늘의 청일문협이 있는 것이다. 늘 고맙게 생각하는 점이다.

보기보다는 감성이 아주 풍부하고, 매사에 긍정적이고, 표현력도 섬세하고, 말도 조곤조곤하니 설득력도 좋다. 때로는 너무 생각이 많아서, 사소한 것에도 예민해서 힘들 때도 있지만, 주님의 자녀로서 기도하는 삶으로 극복한다.

그런 마음이 들어간 시집이니, 모든 독자에게 위로와 격려, 사랑과 평안의 쉼터, 향기로운 꽃밭이 되리라 기대한다. 다시 한번 시집 출간을 축하하며, 주님의 은혜로 더욱 건승하시고 행복하시길 축복한다.

청일문학문인협회 부회장 / 시인 이근갑

내가 정영란 시인을 만난 곳은 아주 엉뚱한 곳이었다. 횡성군 청일면은 교통사정으로 보면 강원 내륙의 산골짝이다. 마침 그곳에서 청일면의 특산물인 더덕을 주제로 축제가 열리고 있었는데 축제장 입구에 더덕이나 그 지방의 농산물 판매장이 아닌 청일문학이라는 다소 이질적인 부스가 차려져 있었고 그녀는 그곳에서 시 낭송과 노래를 부르고 있었다.

평소 글쓰기에 관심이 있었던 나는 청일문학이라는 간판과 그곳에서 낭송하는 그녀의 모습이 특별하게 다가왔다. 아내의 만류에도 슬금슬금 다가앉아 그녀의 노래를 듣고 있다가 글짓기를 할 수 있는 코너가 있기에 글 몇 줄을 남기고 일어섰다.

환한 미소로 응대해 주는 그녀의 모습에 그냥 가기 그러해 시집 한 권을 집어 들자 청일문학 대표로 있는 이재천 시인이 직접 사인을 해주며 감사하다는 인사를 건넸다. 내가 다시 정영란 시인을 만난 것은 그로부터 8년이 흐른 뒤였다. 당시 축제장에서 쓴 글을 청일문학 문예지에 실어 나에게 보내준 것은 특별한 감동이었고 청일문학과 인연을 맺는 계기가 되었다.

정영란 시인은 끼가 넘치는 사람이다. 시와 음악 가요를 넘나드는 요즘말로 팔방미인이다. 청일문학 문인협회 회장인 그녀의 대 내외적인 활동량은 한 문학사를 이끌어가는 수장으로서의 역할에 그치지 않고 문학사 구성원들이나 독자들에게 긍정과 믿음을 주는 문학의 전도사 역할까지 수행하고 있어서 여성의 몸으로 대단하다는 평가를 받는다. 시인으로서 대단하다는 말은 글과 함께 단체의 리더로서 그만큼 영향력이 크다는 뜻이다.

문학이라는 분야는 글 쓰는 사람들의 독과점이 아니다. 글을 통해 감성의 밭을 일구는 일이 세상 어느 분야보다 고귀한 일이지만 당장이 급한 현대인들은 너무 먼 거리에 우선권을 둔다. 하루가 다르게 변하는 디지털 문명의 그늘은 인성파괴라는 돌이키기 힘든 숙제를 남긴다.

그 우선권을 바꾸는 일은 웬만해서는 일어나지 않는다. 사람의 마음을 움직이는 것은 인문학의 최고의 가치인데 그 가치를 실현하는 글이야말로 모든 학문의 최대 공약수가 아닐까.

정영란 시인은 체험문학의 증인이다. 그녀의 활동에서 얻어진 글은 픽션과 논픽션을 아우르며 읽는 이들로 하여금 추상적인 느낌이 아닌 감각적이고 사실적인 느낌을 주게 한다.

하루에도 몇십 권의 신간이 쏟아지는 세상이지만 그녀의 시집이 특별한 것은 긴 연혁을 지닌 한 문학단체를 이끄는 장이 쓴 글이라는 점이다. 독자들의 입맛은 끓는 콩죽 같아서 조금만 마음에 들지 않으면 숟가락을 팽개치는 고약한 습성이 있지만 믿음이 생기면 여간해서 바뀌지 않는다. 진솔한 그녀의 글이 독자들의 마음을 훔치고 남음이 있으리라 믿는다.

청일면 더덕축제에서 필자와 연이 닿았듯 정영란 시인의 시집을 통해 많은 인연들이 맺어지길 소망한다.

청일문학문인협회 부회장 / 시인 윤창환

에필로그

아름답게 웃어주던 단풍이 소슬바람에 낙엽 되어 땅 위로 내려앉네요. 시인으로 열심히 글을 쓴다고 하면서도 삶의 여정이 바쁘게 돌아가다 보니 감성을 쥐어 짜내는 것이 쉽지는 않았지만, 어찌어찌하다 보니 또 한 권의 이야기책에 사연을 풀어놓았습니다.

하루하루가 전쟁 같은 삶 속에 휴전하는 것이 쉽지는 않아요. 아이들 커가는 모습, 이웃들과의 정 나눔, 예쁜 세상을 위해서 열심히 열정을 불태우고 있으면서도 삶의 이야기책을 정리해가는 것이 바쁘다는 핑계로 늦어지다 보니 수필집과 처녀 시집에 이어 두 번째 시집 「인정의 꽃밭에서」가 독자님들 앞에 선보이려 설렘으로 꽃단장하고 있습니다.

가을이 익어갑니다. 황금색 벌판은 어느새 추수가 끝나고 만산홍엽도 떨어져 바스락거립니다. 가을 이야기는 종장 끝에서 마무리하느라고 분주하지만, 우리 세상의 희망 이야기는 차곡차곡 가을볕 속에 쌓아놓습니다.

바람에 귀 기울여보면 예쁜 이야기를 많이 들려줍니다. 우리 마음에 조금씩만 여유 공간을 만들어놓고 좋은 이야기를 저장하면 어떨까요?

팍팍한 인생살이이지만 서로 눈인사도 나누고 물 흐르는 소리도 들어보자고요. 바람에 흔들리는 억새꽃처럼 유연한 몸짓으로 평범하게 살아가는 향기를 만들어봐요.

행복이 별거겠어요? 마음속의 욕심을 조금 벗어놓고 서로 토닥토닥 감싸주며 보통 사람들의 이야기에 함께 공감하면 되는 거지요.

그렇게 인정의 꽃밭에 물 주고 향기롭게 살자고요. 모두 행복하시고 건강 잘 챙기시기를 기도드려요.

편집을 마치며…

인정의 꽃밭에서

발행인 / 이재천
지은이 / 정영란
편집주간 / 조동원
발행출판사 / 도서출판 청일
발행일 / 2024년 11월 29일
출판등록 / 251002021000015
주소 / 강원도 횡성군 청일면 속실길 383-11
전화 / 010-5678-9211
홈페이지 / http://www.spoem.kr
전자우편 / spoem@hanmail.net
ISBN / 979-11-92232-10-2(03810)

이 책의 판권은 도서출판 청일에 있습니다.
도서출판 청일의 허락 없이는 어떠한 형태로도
이 책의 전부, 또는 일부를 이용할 수 없습니다.
잘못된 책은 바꾸어 드립니다.

《이 책은 한국예술인복지재단의 일반 예술활동준비금
지원 받아 제작되었습니다.》